DIKTER I TIDEN

Nisse Leisby

DIKTER I TIDEN

© 2018 Nisse Leisby
Sättning och omslagsutformning: BoD – Books on Demand
Förlag: BoD – Books on Demand, Stockholm, Sverige
Tryck: BoD – Books on Demand, Norderstedt, Tyskland
ISBN: 978-91-7785-220-9

Innehåll

1 En minnesfärd

Åka ut i fädrens spår
Till Götlunda de arbetat och bott
Från Stentorp till Bondsäter färden går
Att slippa bondens liv de gjort

Erik, Ellen Hammar de flyttade hit
Att få ett lugnare liv
Slippa djur samt en arbetsam tid
Få leva skönt i Götlundas visit

Barnbarnens önskan växte sig stor
Att besöka mormor och morfar
Till nya platser där de bor
Få njuta med morföräldrar ett tag

Återkomma till platsen efter 60 år
Blev en stor dröm att komma hit
En nybyggd villa där gamla låg
Men annars är platsen sig likt

Här bor Rolf och Gun Götenberg
På denna historiskt vackra plats
Kommer att en minnesvärd grej
Att återse allt detta skapar entusiast
Återbesök efter 60 år det blev
Mottagna med pompa och ståt
Kaffe med dopp det genast blev
På dragspel Rolf spelade en välkomstlåt

2 Morgonstund

En vanlig vacker morgondag
När morgonrodnad träder fram
Sjunger fåglarna sin morgonserenad
Vid sandnäsdalens råsvalsstrand

Gräset glittrar i morgondagg
Fjärilar flyger över blom
Få vandra i skapelsens behag
Blir livets urna som en brom

I bäckravinen spelar trädgårdssångaren
Vattnet porlar strikt förbi
Låter som näckens spel över vångar
Där älvorna dansar i näckens regi

Här står gamla vackra lindar
Efter blommande konvaljers väg
Doften sprider sig i vindar
Över dalens soldränkta atmosfär.

Det är skönt att vara här
Bland björkars ny sprungna hängen
Slippa vara i grönskande misär
När allt finns i vårens känning.

3 Det finns en dag

Det finns en dag
På livets smala väg
När allt det vackra föds
Som ger oss denna färd
Det värmer kropp och själ
Att ha blivit född
Vandra här på jord
Vem bestämmer över sitt liv
Det är bara att följa med
Över allt i livets tid
På livets första färd
Komma till på denna jord
Programmerad på denna färd
Programmerad som man är
Ett litet barn kommer till
Programmerad med ärftliga gener

4 Naturens gång

Att vakna upp och titta ut
När marken av snö är vit
Vintern börjar ta sitt beslut
Ger snö och kyla sin visit

Förändringens månad är i regel november
Från höstens sagolika färger som ger
När allt det vackra vänder
Snö och kyla allt man ser

Mark samt lövträd går i dvala
Allt blir så tyst och stilla
Vintern kommer ge och taga
När allt i naturen får vila

Mörkrets tid svårt att leva i
När dagsljuset minskar för varje dag
Men Lucia lyser upp mörkrets tid
Liksom julen firas med behag

När den mörkaste dagen vandrar iväg
Och allt återgå till ljusare tid
Att vakna upp i naturens färd
Som väcker dvalliknande sömn till liv

Mörkaste tiden har nått sitt mål
Och flyttfåglarna kommer föda en ny generation
Trädens lövar sig, gullvivan i blom står
Allt har fötts i ny version

5 De ljuva åren

Lycklig man var i ungdomens dar
När allt stod framför dörren
Man skaffade allt man ville ha
Var ett tänkande i grunden

Kärleken stod högst i livets agenda
Att skaffa sig en livskamrat
Få leva med kärlekens livsanda
Var nog den viktigaste delen i sak

Kärleken var stark när förlovningen kom
Sedan färdas till präst och vigsel
Äktenskapet var nu riktigt på gång
Att bilda familj och trivsel

På äldre dar man tänker över
De ljuva åren man fått
Som strödde rosor på vägen framöver
En lycklig tid som gått

De ljuva åren gav god ekonomi
Ett ärligt liv med gående utgifter har
På äldre dar som pensionär leva i
Gav bra pension att leva av

6 En sagolik roddtur

En roddtur du lovat har
Till sandnäsdalens vackra plats
Möta vännen på roddturen tar
En efterlängtad träff som kommer strax

Råsvalen ligger spegelblank och fin
Och solen skiner från hög himlapäll
Jag vet att du väntar på turens rum
Till Sandnäsdalen du roddturen ställt

Jag står vid Sandnäs Råsvalsstrand
När Du kommer med båten in
Nu har Du äntligen kommit i land
Får jag hålla handen din

Vi vandrar hand i hand
En kyss samt kram vi fått
En hjärtlig välkomsthälsning blivet minsann
Till Sandnäs roddturen gått

Sitter i dalen och njuter av
Ett trevligt sammanträffande det blev
En kopp termoskaffe att njuta av
Innan återfärden skall ske
Båten Du tagit plats i
Du ror från land
En sista kontakt vinken blir
När återturen från Råsvalens strand

7 Livets gång

Ibland är livet svårt att leva
Ger ofta negativa tankar är givet
Blir ofta tankar som börjar veta
Utan bära något särskilt i livet

Känns så meningslöst och kallt
När solen borta en regnig dag är
Det känns så svårt i allt
När någon nytt tar sig så här

Är svårt med allt som sårar
Känn klart och vackert denna stund
Glöm bort smärta liksom tårar
Se livets vackra sida och glöm

Nu uppstår glädje under livets lott
För mörka tankar blir stunden lång
Allt som varit tråkigt och grått
Ett ändligt liv under tidens gång

Skönt med vänner som oss vända
Ett mörkare sinne till ljusare färd
Få lyckligare liv i tidens agenda
Slippa negativa kopplingar på livets väg

13

8 Koltrastens lyckliga liv

Finns en fågel som väcker sinn
Med sin vackra sång den har
Den spelar över hus och hem
Med sin sång våra känslor tar

Han lockar till sig en maka
Genom sin vackra sång den ger
Bygger ett bo inget får försakas
Där den nya generationen får ske

Hon ligger troget på äggen
Matar troget henne vid boet har
En ny generation föds till världen
Genom en gemensam arbetsbörda tar

De matar troget sina småttingar
Och han skall prägla sin sång
För nya generationer rätt profil tar
Blir alltid rätt varje gång

Även vi programmeras av naturens under
Som skapar vår samt försommartid
Stärker själ samt hjärta i grunden
Allt det vackra i naturen blir.

9 Persons Åkeri

Stora vita huset bland villor låg
Bor folk som hyresgäster är
Bland annat Persons Åkeri man såg
Och sonen Sven bor hemma här

Lisa bor också här i huset
Bor hemma hos Far och Mor
Hon har fyllt 20 i veckoslutet
Stor dag i livet jag tror

Lisa går till sportpalatset dansar där
Hon fått sällskap av vännen hem
Sven i mörka fönstret tittar här
Lisa blir kysst och kramad sen

Nu blir Sven intresserad av Lisa
Frågar om hon vill följa med
Att se Söderkåkar de visar
Slutet blir en trevlig färd

Fram till biografen han kör
Sven skjutsar Lisa i sin bil
Att se filmen i rätt tid
Är något han faktiskt gör

På hemresan han frågar Lisa
Vill Du jobba på vårt kontor
Lisa svarar om du mej visa
Nog klara det jag tror

Persons åkeri har nu två lastbilar
Lisa skriver räkningar, tar emot transporter
Ett riktigt kontorsjobb hon gillar
När det finns av blandade sorter

Sven och Lisa har nu funnit varandra
De bor nu i egen lägenhet
Allt blir gjort i kärlekens anda
Persons åkeri och deras egen belägenhet.

10 Tidens krav

Dagar kommer dagar går
Tiden vandrar fort förbi
Snart sitter vi med grånat hår
Tänka över tiden man varit i

Ungdomens lekande tid man får
Hinna med i livets gång
Snabbt är man över nittio år
Lever man då i tidens livstvång

Är det människan som skapat tiden
Hinner med så mycket man kan
Att begäret måste bekämpas vad det lider
Medans orken finns kvar i människan

Behöver inte allt vad lusten säger
Få leva lugnare ett drägligt liv
Vandra ut se vad blomsterängen äger
Och höra fågelsång i frihetens tid

Att känna naturens frihet som sker
Som stärker kropp samt skäl
Känna lyckligt liv som ges
Det föder allt vad skapelsen bär.

11 En turistfärd med buss

Nu har den grå vardagstonen
Till fyllest tonats upp
Det finns minnen kvar i orden
Av den trettionio manna grupp

Vi ser tillbaka över färden
Från Kilohiem till alpens ros
Syrener i Innsbrucksdalen
Doften, skönheten, färger i rätt dos.

Över Dolomiterna till Bolsano
Ut på poslättens odlade mark
Vaporellfädden i Venedig
Då fröjdas sinnena av allt.

Visst är det sevärt vackert
I staden Rom och Ponpej
Se Capris branta sluttningar
Med himmel, hav och berg.

Inget går upp mot Norditalien
Eller Schweiz med dess charm
Genom Tionodalen Monte Ceneri o Bellezona
De vackraste platser jag fann.

12 Kyrkberget Lindesberg

De besökte Kyrkberget på soliga söndagar
Medhavd filt samt med korg med matsäck
Den gröna oasen som alltid behagar
Sitta på filten äta sig mätt

Det finns kafé och dansbana där
När hundraklubben bjöd till dans
25 öre dansen blev kostnaden här
När dansbanan fylldes för intresserade fanns

Lindesbergare inbjöds till Hundraföreningens årsmöte
År 1889 en vacker sommardag
Samlades rikligt till platsen de besökte
Där Lindes musikkår underhöll över lag
Det var mycket underhållning på gång
Templet samt Segers sångkör
Dricka kaffe, och dagen blev lång
En riktig fest hundraföreningen gör

Tidig 1880 flyttade kägelklubben till kyrkberget
Samt klubbens övningslokal för installering var
Reste flaggstången 85 fot lång på stället
Och kägelklubbens flagga visade platsen den har

Inga cyklar eller bilar fanns
Så kyrkbergets nöjesplats helt givet
Fanns kafé samt bana för dans
Ett eldorado för Lindesbergare det blivit.

13 Alla goda ting är tre

Det finns ett ordspråk som säger
Att all goda ting är tre
Det skapar trohet och gläder
När symbolerna registrerats och ger

Staden Örebro har ett krönt Ö
Som registreras med punkter tre
Är det stadens innehåll de utgör
Som staden har och ger

Konsten symboliseras av Prins Eugen
Som även är hertig av Närke
Med palett och pensel konsten ger
Många konstnärer här att lägga märke

Örebro är en kristen stad
Där Laurentius Olaus Petri samlar Svenska kyrkan
Där många frikyrkor utvecklats har
Som symboliserar kyrkornas man kan

I mångfald är Örebro parkernas stad
Grönområdet där älskade sätter sig
Blommande buskar och fågelsång njuta av
En stärkande stund att vara i

Man får selektera det krönta Ö
För alla goda ting är tre
Då anpassas de tre symbolernas favör
Och registrera historiska symboler man ser.

14 Bernadotte

Kronprins Karl August ridtur tråkigt fall
Var sjuk och ramlade av hästen
Läkare konstaterade det var ett slaganfall
Där Fredrik Kristian blev utsedd efterträdaren

Karl XIII de var tre bröder
Söner till Adolf Fredrik och Lovisa Ulrika
År 1748 bar kronan framöver
År 1818 slaganfall livet gav vika

Modern klagade på sonens liv
Han var trög och eftergiven
Satt kvar hela 70 års tid
Kunde kungen bli förlåten för tiden

Genom Karl XIII dör blev gjord
Fick kronprins Bernadotte träda in på tron
Blev krönt bosatt på slottet Örebro
Där även Sveriges första Riksdag stod

Sveriges nykrönte kung Karl XIV Johan
Är Sveriges kompetenta konung på plats
Som stärker landet på Europakartan
Ger kungen förtroende för land och makt

Napoleon kommer bestämma över Sveriges kung
Ger order över sin forne general
Svensk krigsförklaring mot England som grund
blev skenbar krigsförklaring utan svenska tag

Napoleon begärde även av Sverige
Att icke bära vapen mot Frankrike
Inte svårt gå med och ge
Kungen ser fred i vårt rike.

15 Jordens utarmning

Människan far illa med vår jord
Förintelsen är så nära
Ekologin är delvis förgjord
Trots studie i naturens lära

Vi utrotar växter och djur
Det sker varje dag
Snart blir det våran tur
Att mista jordens behag

Jordens glädje och rikedom
När etnologin helt får råda
Tills människans girighet helt slår igenom
Och begärligheten blir till våda

Vårt intellekt har slagit fel
Att mörda är människans drag
Kvinnor våldtas är bara en del
Där oförstånd föder sin lag

Kan vi rädda våra regnskogar
Och nedsmutsning av hav
Rädda våra oljedränkta fåglar
Som dör i flera tusental

Snälla vänner på vår jord
Tag silverskeden i vacker hand
Och återföda vår verkliga tro
Till skapelsens fasta band

Vi far illa med vår jord
Och testar vad den tål
Ekologin är delvis förgjord
Är det vårat mål?

Har Gud sagt vad vi får göra
Med vår vackra moder jord
Ser Gud på med all den röra
När vi ser vad vi gjort

Vi utrotar växter och djur
Det sker varje dag
Kan det vara våran tur
Att mista jordens behag

16 Tragedi

Det var en gång det hände
När allt det vanliga tog slut
När hela livet vände
Där tryggheten helt slog ut

Det är år 1934 som det var
Att besöka sin nära vän
Magret fyllt 18 år har
Vill fira resan hon har på känn

Började med att Magret Smith
Som var bosatt i Liverpool
Hälsade på ej tidigare skett
I Ruhrområdet där Maria bor

Maria jobbar som servetris i Ruhr
Det har hon gjort i två år
Magret bor hos far och mor
Haft några små jobb hon får

Nu bor Magret hos Maria
Äter på baren varje dag
Installerat sig att semestern fira
Innan hon till Liverpool far

Barägaren frågar Magret om en tjänst
Om hon vill hjälpa en tid
Magret har ställt upp jämt
Och ett ja det fick bli

Nu blev Magret Marias arbetskamrat
Samt betalade för sitt uppehälle
Hon har vackert samt trevligt kurage
Och blev lätt populär på stället

2

Det kommer in en trevlig man
Som besöker baren på sin ledighet
Hans namn är Raul Hartman
Och säljer jordbruksredskap i sin enhet

Han yttrar sig vid serveringen
Jag önskar Ni besöker mej
Tag med Maria och kom hem
På en liten stund att språkas vid

Raul fick besök av damer två
Till en mycket vacker bostad
Han imponerade med sitt vårdade språk
Är det Magret han vill åtrå

Raul ser kärlek i Magrets ögon
Och ber henne flytta till sig
En turbulens i Magrets liv kom
kastade om allt i hennes liv
Hon ber Raul att tänka över
Att leva ett helt annat liv
Jobba kvar på baren framöver
Vill leva något i sin vanliga tid

Raul är en fin välvårdad människa
Är försäljare i ett företag
Skapar trygghet i livets agenda
Hon ställer upp och svarar ja

3

Förlovade sig flyttade tillsammans de har
Blev ett kärleksfullt trevligt hem
Magret har serveringsjobbet kvar
Ett lyckligt liv över alla ting

När Raul reser till andra länder
Är han borta några dar
I kärlekens hem där allt händer
Är längtan stor att båda ge och ta

År 1938 fick Magret sitt första barn
En pojke fick Tony som namn
Magret blir på hemmets plan
Sköta barnet och hemmet man kan

Raul får en något längre färd
Han blir borta i dagar fem
Till Marocko det bär iväg
För att sedan återvända hem
Han landar i Marrakech
Sex mil söder om stan till sist
Här odlas dadelpalmer som mest
Och här flyter floden Tensift

Nu är det hösten år 1938
Som Raul skickas till detta land
Han rest till andra länder ofta
Sälja företagets produkter han kan

4

När Raul har installerat sig
Att bjuda ut det kunder behöver
Hinna med allt i dagens slit
Få göra snabb affär framöver

Plötsligt två herrar på golvet står
Frågar vad Raul sysslar med
Jag kommer från ett företag i Ruhr
Säljer maskiner och jordbruksredskap här

Ni får följa med på en frågestund
Raul vart satt i en främmande bil här
I dadeldalen är franska som grund
Så frågestunden blir på franska där

Farten saktas in på vägen
Åker in där totempålar står
Ledes in efter den långa färden
Till förhörsrum, vad står egentligen på
Raul är nu i Franska Le-Gaconen
Fått ett eget rum där
Längtar hem till Magret och sonen
Tråkigt att det blev så här

5

Raul vill skicke brev till Ruhr
Han får ett papper att skriva i
Informera Magret, företaget vad som pågår
Samt åka hem och bli fri

Raul är nu tagen på förhör
De frågar efter hans politiska bakgrund
Säljer maskiner, redskap för jordbruk jag gör
Har ekonomisk utveckling som grund

Efter undersökning som pågått
Blir Raul ej misstänkt som spion
De lägger fram ett förslag lite smått
Att bli tolk i Le-Gaconen

Han accepterar deras förslag
Törs ej åka hem just nu
Kan bli problem för familj, företag
Han stannar till kriget tar slut

År 1945 är kriget över
Varit borta från hus och hem
Kan åka hem när livet glöder
Få träffa Magret och sonen sin
När han kommer till platsen
Är Magret omgift och har familj
Hjärtat blöder, slut på kraften
Raul vet hur allt gått till

6

Raul vart dödförklarad här
De sökte, fann ej något liv
Inga skrivna brev de fick där
Allt lades ned efter en tid

Innan Magret och Raul skildes vid
De gråter och kramade om varann
Ett lyckligt äktenskap de levt i
Och kärleken fanns fortfarande kvar minsann

Raul fick ny identitet med sig
Fick sitt gamla jobb kvar
Gick till baren på ledig tid
Men den gamla tiden förändrats har.

17 Åldrat liv

Åren vandrar så fort förbi
Snart sitter vi med tinnings grå
Man glömmer inte livets tid
På jordklotets hårda tid som står.

Visst händer det mycket i livet
Ett lyckligt liv på denna jord
Att anpassa allt efter omständigheternas fång
Och ett åldrat liv blir gjort.

Visst vill alla ha ett åldrat liv
Men många får stå utanför
Många människor får ändra sin levnadsstil
För att anpassa sig framöver.

Vandra genom de ljusa livsglöden
Och ålderns pålaga tar vid
Kunna sitta och tänka över
Är allt gjort under livets giv.

18 Svårt att leva

Ibland är livet svårt att leva
Ger ofta negativa tankar är givet
Ger ofta negativa tankar att veta
Utan bara något särskilt i livet

Att känna så meningslöst och kallt
När solen borta en regnig dag är
Det känns så svårt i allt
När någon yttrar så här

Är svårt med allt som sårar
Tänk klart och vackert denna stund
Glöm bort smärta liksom tårar
Se livets vackra sida och glöm

Nu uppstår glädje på livets lott
För allt som varit tråkigt och grått
För mörka tankar blir stunden lång
Har ändrat liv under tidens gång

Skönt medvänner som kan vända
Ett mörkare sinne till ljusare färd
Få gång i livets agenda
Slippa negativa kopplingar under livets väg

19 Tidsförändringar

Att få leva under årens gång
När åren blir över 96 år
Inte kunna höra koltrastens vackra sång
Inte se blommorna på ängen står

Med åren blir allt svårare
Ögonen ger vika för ålderns tvång
Hinner ej sköta något i tid
När synen sviker i livets gång

Kan vara svårt att bli gammal
Om man änkling är
Sköta sig själv och allt annat
Bra att få lite hjälp här och där

Mina vänner ser svårigheten man har
De hjälper mej när de kommer
K.G Martinsson hämtar mej, till Linde vi far
Handlar, bank samt sånt som tillkommer

Gunilla från Kolsva far
Med sig Helena hon tar
Tacksam för all hjälp jag kan få
Utan dem hur skulle det gå
Flytta till ålderdomshem jag får
Lämna paradiset Sandnäs med en tår

20 Blind

Mörker i dimma din vandring går
Du söker ljuset du ej kan nå
Jag är här din hjälpande hand
Som leder dej ibland

Du hör fåglar sjunga, men kan ej se
Blommorna kan endast doften ge
Du är nöjd med livets lott
Trots det handikapp du fått.

Jag som ser kan hjälpa dej
Vandra rätt på ängens stig
Bland mandelblom och nattviol
Det är samma blommor som ifjol.

Det är svårt med din vita käpp
Med får ej rycka i din läpp
Det är många som ej kan se
Ni kan endast till Herren be.

21 Försommarens blomsterland

Känner du hur kroppen förändrar sig
Blir tillfreds med tiden som går
Solen föder ängens återkommande liv
En helt ny tid naturen får

Med ängens blommor blir allt vackert
När försommaren skapar allt levande liv
Det känns så skönt och läckert
Plocka blommor pryda bordet hos mej

Solljuset glittrar efter regnets fall
Och vita björkstammar med ljusgröna hängen
En förtrollande syn i naturens mall
Som väcker starkt välbehag man känner

Maj månad blommar prästkrage och blåklint
Som ger karaktäriska blomsterliv på ängsmark
Bland man ser viol och hyacint
Ger fullvärdig bild av ängens blomstervall

En tillfreds syn att ta del av
Än att gå på asfaltväg
Kunna ta del av skapelsens välbehag
Som stöder själ och hjärta väl

22 En blomsterängs promenad

Känns skönt när vädret ändrar sig
Solen skiner högt i skyn
Man blir tillfreds med naturens giv
När blomsterängen ger sitt varje dygn

Med ängens blommor blir allt vackert
När försommaren skapar allt liv
Det känns så skönt och läckert
Att kunna plocka blommor till mig

Solljuset glittrar efter regnets fall
Och vita björkstammar med ljusgröna hängen
En förtrollande syn efter naturens mall
Som väcker starkt välbehag man känner

Vackert se prästkrage blomma samt klint
Vilket vackert blomsterliv på ängsmark
Ängen ger mandelblom samt hyacint
Ett stort blomsterliv efter månadens mall

Att kunna vara på platsens blomsterhav
Än att gå på asfaltväg
Kunna ta del av skapelsens välbehag
Som stärker själ och hjärta väl

23 Midsommarfirande på Sandnäs

Den stora dagen under året kom
Fast inga cyklar fanns att åka på
Midsommarfirare fraktades på ångfartyget Zephyrs
gång
När festligheterna på Sandnäs går

Året var 1891 det stora årets tid
Vid ängen på Sandnäs egendom
Anders Persson upplät platsen att fira i
Och midsommarfirande kom här igång

Dansen går vid Sandnäs dal
Envid äng och skog
Råsvalen ligger blank och klar
När dansen på ängen stod

År 1895 fortsatte festligheterna här
Ångfartyget Zephyr, sjöfröken fraktade firare ut
Midsommarfesten på Sandnäs var populärt
Men år 1896 tog firandet slut

De var glada när de kom hem
Det verkade bli en trevlig fest
De dansade och svängde om
Nu var festligheterna igång som bäst

Var det i gräset de tog plats
Och supen direkt ur flaskan tog
De var högljudda där de satt,
men vi höjde armarna i luften for

De reste sig upp här
Och började puckla på varann
Var det brännvinsflaskan de slogs där
Eller svartsjukan som drev dem minsann

Nu blev de trevliga festligheterna slut
Genom bråk och slagsmål här
Anders Persson förbjöd verksamhetens debut
Skydda hus och hem man lär

Sandnäs har varit ett populärt resmål
Men genom otrevlighet uppträdande som gjorts
Och skaffa ordningsmän blev svårt
Slutet på festligheterna på Sandnäs togs.

24 Midsommar i Fänsäter

Solen lyser från klarblå himmel
och flaggan slår ut för vind
Midsommar står vid utan hinder
när dagen i Fänsäter firas in

Sörgården har dukat för midsommar kaffe
att fira den ljusaste dagen här
på bordet finns midsommarblomster och krassen
att högtidsfirandet står på där.

Här dansas ej kring midsommarstång
man binder ej några kransar där
Prästkragarna står kvar på vång
Midsommar firas på annat sätt här

Man upplever midsommarafton med en promenad
till Norrmogen vandringen går (sjön)
Från Norrgården till Sörgården återgår promenaden
en fullbordad midsommarpromenad man får

Lövsångaren ger sin version av helgens tid
när solen sjunker bakom skogens horisont
stugefirandet tager på stället slutligen vid
en annorlunda njutbar midsommarafton denna gång

25 Midsommar

Midsommar med blommor på ängen
Ett överflöd i denna tid natur
Binda kransar är poängen
Ta tillvara vår kultur

Trädgårdssångaren spelar hela natten
Koltrasten hörs på håll
Midsommarnatten bjuder på allt
Det doftar midsommar från ängen

Överallt är sol denna dag
Det finns en dag i livets väg
När allt det vackra föds
Få vandra bland rosenrabatter

Midsommarnatten bjuder på allt
Med doftande blommor från ängshagar
Fåglarna sjunger från björk och tall
Skapar kärlek i vår natur behagar

Skönt att få leva denna tid
När naturen ger oss allt
Njuta av skapelsen i vårt liv
Ta till vara på tidens kall

Det föds ett barn
Komma till denna jord
Gå igenom allt som krävs
Innan det blir stort

26 Naturens vila

Mark och lövträd går i dvala
Allt vilar sig till vårens tid
När sommaren är över att vara
Och vintern helt tar över

Flyttfåglarna har lämnat vårt land
När inga insekter finns att få
Vintern kommer med snö och kyla
Bara vinter finns att tänka på

Mörkrets dagar kommer att vara i
När dagsljuset minskar för varje dag
Men lucia lyser upp firandestid
Liksom julen firas med välbehag

Det är skönt när allt vänder
Man känner allt är på väg
Njuta av att gå på blomsterängen
Njuta av allt vad livet bär

Men än måste tiden gå
Innan våren på riktigt kommer in
Måste ta stora steg mot vår
Känna av kraften i vårt sinn.

27 Mörkrets tid

Vakna upp och titta ut
När marken av snö är vit
Vintern börjar ta sitt beslut
När snö och kyla kommit hit

Förändringens månad är regel november
Från höstens sagolika färger som ges
När allt det vackra vänder
Snö och kyla allt man ser

Mark och lövträd går i dvala
Allt blir så tyst och stilla
Vintern kommer ge och taga
När allt i naturen får vika

Mörkrets tid svår att vistas i
När dagsljuset minskar varje dag
Lucia kan lysa upp mörkrets tid
Liksom julen möts med välbehag

När den mörkaste dagen vandrat väg
Och allt återgå till ljusare tid
Allt vaknar upp till ljusare tid
Som väcker dvalliknande sömn till liv.

28 Årets slut

Naturens lagar bestämmer tidens spår
När december ger mörka dagar
Klotet vrider sig samt rullar på
Få vänja sig vid mörkret ett tag

Finns glädjeämnen i mörkrets tid
När ljusets festlighet kring Lucia tar
Lyser upp tillvaron i mörkrets giv
Påminner om årets ljusglimt vi har

I själen utföres vår kristna tro
Man sjunger sången O Helga Natt
Luciasången sjungs också
Skapar stämning för stunden då

Störst firande är när julen kommer
När nyfödda Jesusbarnet i krubban låg
Vi har firat det tusentals gånger
Och kyrkans berättelse ges varje år

Efter jul börjar allt bli stilla
För tjugonde Knut kastas julgranen ut
Efter nyårsfirandet börjar allt vila
Få fira lugnet efter årets slut

29 Kyrkklockornas bud

Klockorna ringer ut sitt bud
De gjort i alla tider
Ringer över skog och bygd
Där träl och fattig lider

Klockorna ringer över kyrkogård
Där människor vigts till vila
Har arbetat hårt på jord
Givit oss välfärd och vilja

Nya generationer växer fram
Att fortsätta i fädrens spår
Bygga på det som redan fanns
Med förnyad tid som går

Klockorna ringer för fredens jord
Ringer över levande och döda
Blir slut med svält och gråt
Få leva i välfärd att skörda.

30 Förändringens månad

Väckelsens månad är februari
När ljuset växer för varje dag
Tussilago kommer att se fram vid
Ger vårens känsla med välbehag

Bakslag kan komma i tidens anda
Kan ge nedsättning i utvecklingens tid
I snö och kyla åter få vandra
Innan våren på nytt visar sig.

Sångsvanar i Tysslinge kan våren bevaka
När tusentals sångsvanar med våren kom
Fjorton dagar tidigare än det normala
Visar nu våren är på gång.

Förväntningarna är stora i februari
När plusgrader kommer och dagarna förlängs
Snön försvinner när vårvindar tar vid
Samt naturens makt blir i förändring.

Välkommen, välkommen du härliga vår
Som väcker våra slumrande sinnen
Få uppleva allt som går
Samt bevaras under året som minnen.

31 Höst

Pastellens färger har registrerats
Vid Sandnäsdalens vackra plats
Stora blåklockan har resignerat
Där älvornas dans har trått

Lönnens vackra krona brinner
I aftonsolens trolska sken
Löven faller och försvinner
I jordens blandade morän

Solen går ner över Råsvalsvatten
Där lånade färger sprides ut
Ett sagospel fram till natten
Där färgerna sakta rinner ut.

Snart kommer snö och kyla
Så njut av stunderna nu
När kalla vindar börjar yla
Allt det vackra helt tager slut.

32 Från höst till vår

Mark samt lövträd går i dvala
Allt vilar sig till vårens tid
När sommarperioden är över att vara
Då vaknar allt återigen till liv

Flyttfåglarna har lämnat vårt land
När inga insekter finns att få
Vintern kan vara ojämn ibland
Försvårar för fåglar med maten då

Mörka dagar kommer att vistas i
När dagsljuset minskar för varje dag
Men Lucia lyser upp firandes tid
Liksom julen firas med välbehag

Det är skönt när allt vänder
Man känner våren är på väg
Njuta av att gå på blomsterängen
När allt ges vad tiden bär

Men än måste tiden gå
Innan våren på riktigt kommer in
Tiden tar stora steg mot vår
Känner av kraften i vårt sinn.

33 Vårens tid med påsk

Påsken kommer med bud till vår
När födelsen i naturen skall bli
Träd samt buskar i knopp står
Bladen slår ut i naturens tid

Det är en härlig tid
Att få vandra i vårens agenda
Njuta av påskens helgdagsliv
En ledighet i naturens anda

Mars månad påskens tid inga blåsippor
Men tussilago i dikeskanten står
Vilda blomster berättar ankomst till vår
Odlade påskliljor finns alltid att få

Det är glädje att vandra ut
Solen värme ger om dagar
En regnskur kommer i dagens slut
Gäller liv i äng samt hagar

Våren ger sköna känslor att leva
När den visar allt den har
Nya blomster man får uppleva
Stärker sinnet den uppges av.

34 Luffardikten

Dikten som jag skrivit har, och läsa den jag vill
Om åren artonhundra och några år därtill
Om en glad sjöman som upp på trampen går
I Norrlands stora skogar mot staden Torneå

Det var en dag på våren jag grep min vandringsstav
Så glad uti hågen jag vandrar åsta
För att söka arbete, och arbete jag fann
Jag måla fick en ladugård åt en handelsman.

Min vandring den blev söder ut, det var ett
konstigt land
En del låste sina dörrar så fort som jag kom fram
Ej gav ni luffarn någon mat, ej heller nattlogi
Och därför sade Petrus ni utelämnad bli.

Sen vandra jag ner mot Skåne, det var ett härligt land
Där fick jag mat och känningar och även tår på tand
Men arbete fanns ej att få, men det gör ingenting
Nu har jag tänkt att hålla på och luffa Sverige kring

När jag luffat färdigt och vandringen blir all
Jag lägges ner i graven så mörk och kall
Där lägges ej några blommor ned, ej heller någon tår
Luffaren får vila där tills dombasunen går.

Petrus öppna pärleporten så jag fick komma in
Ett dukat bord jag såg med mat, och även vin
Himlens gudinnor dom spelte på gitarr
Luffaren och Petrus dom rökte på cigarr.